Croácia
COZINHA E MEMÓRIA DÁLMATA

Katia Gavranich Camargo

São Paulo, 2014

Copyright do texto © 2014 Katia Gavranich Camargo
Copyright da edição © 2014 Escrituras Editora

Todos os direitos desta edição reservados à
Escrituras Editora e Distribuidora de Livros Ltda.
Rua Maestro Callia, 123 – Vila Mariana – São Paulo, SP – 04012-100
Tel.: (11) 5904-4499 / Fax: (11) 5904-4495
escrituras@escrituras.com.br
www.escrituras.com.br

DIRETOR EDITORIAL
Raimundo Gadelha

COORDENAÇÃO EDITORIAL
Mariana Cardoso

ASSISTENTE EDITORIAL
Amanda Bibiano

REVISÃO
Gregório Bacic

FOTOS
Edson Hong

FOTO DA PAISAGEM DA CAPA (ILHA DE KORČULA)
Peter Martinovich

CAPA, PROJETO GRÁFICO E DIAGRAMAÇÃO
Bruno Brum

IMPRESSÃO
Intergraf

DADOS INTERNACIONAIS DE CATALOGAÇÃO NA PUBLICAÇÃO (CIP)
(CÂMARA BRASILEIRA DO LIVRO, SP, BRASIL)

Camargo, Katia Gavranich
Croácia : cozinha e memória Dálmata/ Katia Gavranich Camargo. – São
Paulo : Escrituras Editora, 2014.

ISBN 978-85-7531-630-6

1. Culinária (Receitas) 2. Culinária – Croácia – Dálmata 3. Culinária
croata 4. Gastronomia I. Título.

14-06441	CDD-641.594972

Índices para catálogo sistemático:
1. Croácia: Gastronomia: Receitas: Culinária   641.594972

Impresso no Brasil
Printed in Brazil

Este livro é dedicado a Gregório Bacic, por ter me mostrado o primeiro livro que li sobre a cozinha dálmata e por acreditar que tudo é possível!

A Gabriel Camargo Bacic, por me ensinar tudo o que não sei.

A todas as Babas que, com muito carinho e amor, repassaram seus conhecimentos às gerações futuras.

AGRADECIMENTOS

A minha *Baba*, Katarina Nobilo Gavranich, e ao meu *Dida*, Francisco Gavranich Gunjar, por me transmitirem o amor pelas tradições de sua terra natal.

A Fanny Gavranich Camargo, minha mãe, pela energia incrível que move tudo à sua volta e por me ensinar a dedicação às coisas que realmente importam.

A Sonia Maria Gavranich, minha tia, pelo apoio em todos os momentos, uma verdadeira companheira de todas as horas.

Ao mano Fabio Gavranich Camargo, pela força.

A Robinson Castropil, por ter apontado caminhos através dos livros.

A Adilson Prižmic Momce, pela amizade de longa data e pelo suporte em algumas traduções.

A Vesna Banković, a irmã de outras dimensões, que me ajudou a desvendar os mistérios da língua e dos ingredientes.

A Nikola Cetinić Petris, por me ensinar como se faz uma autêntica *Slana Riba* e a Eliete de Freitas Petris pela amizade e entusiasmo.

A Peter Martinovich, da Austrália, e a Gisele Horvatich Beffa, de Arapongas, Paraná, por terem me presenteado com belas paisagens da Dalmácia, contidas neste livro.

A Ivana Biško, da Viteško Udružnje "Kumpanija" Blato, Korčula, Croácia, pela cessão de uma foto.

A Marly Koraicho, pela gentileza em ceder a Casa da Treze, que se parece muito com as *Konobas* (restaurantes-adega) da Dalmácia, para a realização de algumas fotos deste livro.

A Fabiana Simonati, pelo apoio nas primeiras experiências fotográficas com gastronomia.

A Edson Hong, por aceitar participar deste projeto.

A Raimundo Gadelha, por ter acreditado na ideia desde o início.

Ao Empório Basilicata, pela generosa contribuição.

Sumário

Apresentação 13

Receitas 25

Minestra 28

Zeljie dalmatinski način 30

Cikorija as slaninom ili čvarcima 32

Salata od krastavca s jogurtom 34

Salata od patlidžana i crvenom, žuto i zelene paprikom 36

Ajvar 38

Šušu od tikve 40

Salata od boba 42

Salata od hubotnice 44

Slana riba 46

Lignje s krumpirom iz pećnice na jadranski način 48

Goulaš od lignje 50

Vongole na babu način 52

Bakalar lešo 54

Pečena riba na dalmatinske način 56

Valjušci 58

Pašticada bez mesa 59

Žličnjaci od krupirice 61

Gulaš od maslina i praziluka 62

Kaša 64

Brodet 66

Rižoto od piletine 68

Ćevapčići 70

Pašticada na dalmatinski način 72

Sarma 74

Pogača 76

Pušurata 78

Hrstule s rakijom 80

Palačinka 82

Lumblija 84

Slatka pitulica 86

Pita od jabuka 88

Svekrvino oko 90

Apêndice 93

Pršuta ou Pršut 94

Relatório šljivovica 96

A alfarroba é dálmata! 98

Créditos das fotos 100

Bibliografia 101

Sobre a autora 103

"O que lembro, tenho".
Guimarães Rosa

APRESENTAÇÃO

Nasci e cresci em uma casa cheia de mulheres. Os homens eram poucos e estavam sempre na rua, trabalhando. Não que as mulheres não trabalhassem. As que ficavam em casa deixavam o lar impecável, cozinhavam comidas incríveis e ainda tinham tempo de ir à igreja todos os dias para rezar novenas. As que trabalhavam fora, como minha mãe, eram obrigadas a deixar os filhos com as avós.

Desde muito pequena tive que ficar com minha avó, carinhosamente chamada de *Baba*. Foram ela e meu avô, o *Dida*, os responsáveis pela minha educação *mezzo* balcânica *mezzo* brasileira.

Em casa, falávamos um Português mesclado com o *pod naše* (antigo dialeto das aldeias dálmatas de Blato e Vela Luka). Só muito tempo depois, já na escola, descobri que *blazina* era, na verdade, travesseiro, *provim* era termômetro e *bitchua* era meia! Apesar de brasileiro, meu pai logo incorporou o dialeto familiar. Eu achava divertido entrar numa loja e ouvi-lo falar comigo algumas poucas palavras no dialeto, só para que ninguém entendesse. Meu pai dizia: *Ne, Ne, to je skupo kako pass!* (Não, não, isso é caro prá cachorro!)

Ficava encantada com histórias, contadas pelo *Dida*, de sua aldeia longínqua, a querida Blato. A *Baba* cantava canções dálmatas, como *Sve ptičice iz gore* (*todos os pássaros lá do alto*), e me ensinava o catecismo dos Bálcãs. Aprendi a fazer o sinal da cruz em servo-croata e ela sempre me dizia: "se você for boazinha vai para o céu com os anjinhos bonitinhos. Mas se for má, vai para o inferno, cheio de demônios vermelhos que te espetarão para sempre" (vide lenda de Krampus e São Nicolau). Dava medo!

Croácia: cozinha e memória dálmata

Mas, para amenizar o terror religioso, ela era exímia cozinheira! Nos deliciava com pratos de nomes que, para nós, soavam familiares: *Koulash* (ou *Goulash*), *Sarma*, *Zelha*. Nas festas religiosas havia sempre um doce para comemorar. Na Páscoa, *Hrstule*, no Natal, *Pushurata* e *Lumbljia* (o panetone da Dalmácia). Foi ela quem me ensinou o gosto pela culinária, com suas texturas, aromas, temperos e segredos.

Veio dela, também, o pavor pelo desperdício. Toda vez que algum alimento caia no chão, ela o pegava, fazia o sinal da cruz, soprava e só então jogava fora. Talvez reflexo de uma vida de privações sofridas em sua querida terra natal e nos anos inicias de sua vida no Brasil. Sua infância e adolescência não foram fáceis. Minha mãe e minha tia me diziam que ela era muito severa com os filhos. Mas deve ter amaciado muito com os anos, pois comigo era só chamego e cafuné. Eu adorava deitar no colo dela no horário do noticiário da noite e sobre sua saia macia, cheirando a cozinha, enquanto suas mãos calejadas, aparentemente rudes, me faziam cafunés memoráveis. Os dálmatas são cheios de contradições.

Neste livro, pretendo contar um pouco da história dos croatas dálmatas e de sua gastronomia. Sua rica diversidade histórica influenciou a culinária. Desde os pratos triviais até os mais elaborados, dedicados às festividades sagradas e pagãs, vemos as mesclas dos muitos povos que por lá passaram. O uso de temperos e especiarias, vindos do Leste; os produtos do mar, vindos do Adriático; as carnes e os assados, vindos das regiões montanhosas dos Bálcãs; e, como não podia deixar de ser, aguardentes fortíssimas, como a mundialmente famosa *Sljivovica*, um destilado de ameixa, bebida símbolo dos Bálcãs.

Mas, para começar, vamos de História, para saber um pouco dos dálmatas e de como eles chegaram aqui.

Croácia

A Croácia é o ponto de encontro entre o Mediterrâneo e a Europa Central e entre os Alpes e a Planície da Panônia. Apesar de pequeno, é um território repleto de paisagens ricas e variadas, que vão desde altas montanhas, que tomam quase 40% do seu território, até praias e ilhas paradisíacas no profundo azul do mar Adriático.

Figura 1 – Mapa da Croácia.

A Dalmácia, região mais visitada pelos turistas da Croácia, é uma região que abrange os territórios da Croácia, da Bósnia e Herzegovina e de Montenegro, na costa leste do Mar Adriático, estendendo-se entre a ilha de Pag, a noroeste, e a Baía de Kotor, a sudeste. A Dalmácia interior (*Dalmatinska Zagora*) ocupa uma faixa de até cerca de 50 km do mar para dentro do território da Croácia, sendo muito estreita na região sul.

Figura 2 – Dubrovnik.

A Dalmácia está dividida em quatro sub-regiões, cujas capitais são Zadar, Šibenik, Split e Dubrovnik. Outras cidades dálmatas importantes são Kaštela, Sinj, Solin, Omiš, Knin, Metković, Makarska, Trogir, Ploče, Trilj e Imotski

As maiores ilhas dálmatas são Dugi Otok, Uglijan, Pašman, Brač, Hvar, Korčula, Vis Lastovo e Mljet.

Devido a correntes marítimas e ao modo como os ventos sopram no Adriático, a água do mar é mais limpa e quente na Dalmácia do que no lado italiano. A costa inclui um largo número de reentrâncias e ilhas (mais de 1000), estreitos, baías e praias, tornando-se atrativa para esportes náuticos e turismo.

Figura 3 – Brasão Dálmata.

Os Dálmatas

Antes que digam que dálmatas são uma raça de cães batizada por Walt Disney, direi que esses animais elegantes são conhecidos há séculos por esse nome, porque naturais da Dalmácia. Respeitados pela nobreza europeia por seu talento em acompanhar carruagens e em guardar estábulos, os lindos cães dálmatas tiveram sua origem disputada por grandes potências ocasionais, como Grécia e Egito, mas, ao fim, fizeram prevalecer o acento eslavo de sua maneira de latir.

Figura 4 – Dálmata.

Para que não digam, agora, que entre os dálmatas apenas os cães se destacaram com louvor neste último milênio, citarei três cidadãos universais nascidos na Dalmácia: Hermann, o Dálmata, Marco Polo e Roger Boscovich. Aceito que não saibam nada sobre eles, mesmo porque, naturais que foram da periferia do sistema, pouco mesmo se poderia saber deles.

Figura 5 – Hermann, o Dálmata.

Hermann, o Dálmata, nascido na ilha de Korčula (prouncia-se Kórtchula), no Mar Adriático, no ano de 1100, foi filósofo, astrônomo, astrólogo e matemático. Sua mais importante obra foi a tradução para o francês de ensaios árabes de astronomia, introduzindo no ocidente o conhecimento científico dos povos árabes. O desenvolvimento da astronomia e a expansão das universidades na Europa medieval muito devem a esse dálmata.

Figura 6 – Foto da Casa onde nasceu Marco Polo, Korčula.

Figura 7 – Roger Boscovich.

Marco Polo, conhecido navegador mercantil, também nasceu na ilha de Korčula, em 1254, quando a Dalmácia era disputada pelo Reino da Hungria e pelo Ducado de Veneza. Viajou, a negócios, da Europa para a Ásia Central e para a China, em 24 anos de aventuras, registradas em seus *Livros das Maravilhas do Mundo*. Além do espaguete chinês, da pólvora e da seda, introduziu no ocidente conhecimentos básicos sobre aquela parte do mundo e sua cultura. E acabou por inspirar as navegações de pioneiros, como Américo Vespucci, e de conquistadores, como Cristóvão Colombo.

Por fim, o maior de todos os dálmatas: Roger Boscovich. Matemático, físico, químico, naturalista, filósofo da ciência, teólogo e jesuíta mundano de fino humor, ele nasceu em Dubrovnik em 1711, quando essa bela cidade dálmata pertencia ao Ducado de Veneza. Depois de viver em Roma e Londres, Boscovich mudou-se para Paris, onde chegou a diretor de ótica da marinha francesa. Considerado por Voltaire e Lalande um homem "séculos à frente de seu tempo," Boscovich, falava, em plena metade do século 18, de coisas como a criação de um ano geofísico internacional, a responsabilidade dos mosquitos na transmissão da malária, as utilizações possíveis da borracha na indústria, a existência de planetas ao redor de outras estrelas além do nosso sol, a impossibilidade de se localizar o psiquismo numa região determinada do corpo e a conservação do *minimum* de quantidade de movimento no mundo, lei quântica, essa, conhecida por *Constante de Planck*, enunciada apenas no início do século 20 – 160 anos depois – pelo físico alemão Max Planck.

Entre dezenas e dezenas de outras idéias inimagináveis àquela altura do conhecimento, Boscovich prenunciava realidades como "um tempo colocado fora de nosso tempo," um instante sem passado, presente ou futuro, idéia à qual, nesse início de século 21, ainda estamos muito longe de chegar.

Em quais fontes misteriosas bebia esse dálmata, para anunciar tudo isso com naturalidade e sem provas, *não se* sabe. No século seguinte, Nietzsche escreveu que "As teorias de Boscovich constituem o mais importante triunfo sobre os sentidos que já se verificou na Terra."

Dispenso-me aqui, por inteira desnecessidade, de citar outros dálmatas célebres (mas que eles existem, existem!). Chamo a atenção apenas para a forte presença da ilha de Korčula nessas referências, a mesma ilha de onde chegou ao Brasil, em 1924/1925 uma leva de cerca de três mil imigrantes dálmatas, entrados aqui como austríacos ou como súditos do reino dos sérvios, croatas e eslovenos, ou mesmo como iugoslavos. Por certo tempo, essas pessoas, muito justamente orgulhosas de sua origem dálmata, fizeram do bairro do Belenzinho, na cidade de São Paulo, uma área predominantemente... dálmata! Hoje, estão quase todos mortos, muito mais esquecidos ou desconhecidos que Hermann e Boscovich juntos.

Figura 8 – Passaporte Nobilo-Marijetić.

Mesmo reverenciando o quase pioneirismo de meus avós (poucos dálmatas chegaram aqui antes deles), lamento que Roger Boscovich tenha perdido, no ano de 1750, a grande oportunidade de ser o primeiro dálmata a por os pés no Brasil. Ele faria parte de uma expedição portuguesa a nosso país para a medição de graus do arco do meridiano. O Papa o impediu de vir.

Os Hajduk

Figura 9 – Kumpanija Blato.

O grande clube de futebol dos dálmatas é o *Hajduk Split*. Mais ou menos *Bandido* ou *Salteador*, sediado na cidade de Split. Outras interpretações podem ser *Guerrilheiro que luta contra o domínio estrangeiro* ou, simplesmente, *Pirata*. Seja qual for, a escolha fará sentido. Desde 300 anos antes de Cristo, os dálmatas eram vistos como irascíveis e resistentes ao domínio estrangeiro. Ocupavam-se de plantar no campo e pescar e piratear no mar. Só no ano 33 a. C. os romanos descobriram a chave para aplacar esse povo: deram ao território conquistado da Dalmácia o *status* de província romana. Mas precisaram de mais 400 anos para romanizar de fato sua nova possessão. Essa resistência é tão notória, que a santa padroeira de Blato, Santa Vicença, é uma virginal adolescente morta antes de completar 17 anos por resistir aos romanos. Foi transformada em mártir pelo cristianismo.

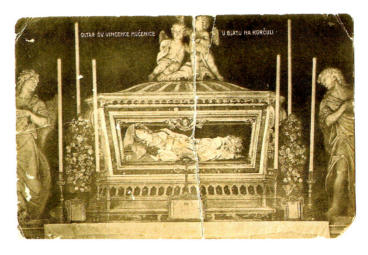

Figura 10 – Imagem do altar de Santa Vicença, 1925.

Escrever a história dessa província de lá para cá exigirá décadas de pesquisa e toneladas de papel. O que me interessa, por ora, é reafirmar o desempenho *Hajduk* dessas pessoas diante das dezenas de invasões sofridas por terra, mar e ar. Nos últimos dois mil anos, passaram por lá gregos, macedônios, ilírios, japidos, liburnos, celtas, romanos, panônios, visigodos, ostrogodos, turcos, romanos do oriente, croatas, húngaros, ávaros, salonianos, eslavos do sul, mongóis, napolitanos, venezianos, franceses, austríacos, sérvios, austro-húngaros, italianos e alemães. Raramente um de cada vez. Muitas vezes, duas ou três forças matando-se pelo domínio dessa estratégica ponte de ligação entre a Europa mediterrânea, o norte da África, o leste europeu e os caminhos do oriente.

Qual língua falavam os dálmatas? Impossível permanecer indiferentes a essa babel de invasores: um pouco de cada. O idioma dálmata original nem se sabe bem; o que aflorou com os romanos foi algo intermediário entre o latim vulgar, o das tropas, e o romeno, igualmente sob influência latina. É língua morta faz tempo. Ainda hoje é comum encontrarem-se em casas de aldeias da ilha de Korčula, por exemplo, vestígios da passagem de tanta gente vinda de fora. Pode-se sentar à *trpeza* (mesa de jantar, de algum lugar da Itália antiga), numa confortável *katrida* (do grego "cátedra") e, empunhando um *perun* (???!... os croatas bem prefeririam que garfo fosse *viljuška*, como na capital). Talvez por isso, alguns dálmatas e croatas letrados do século passado achassem que seu jeito ilhéu de falar fosse o que se chama aqui, no Brasil, de *caipira*. Puro engano.

Como já puderam perceber, a língua é repleta de agrupamentos de consoantes – às vezes até quatro juntas – sendo algumas delas acentuadas. Só a letra c, por exemplo, pode receber, como diríamos em Português, o agudo e o circunflexo de cabeça para baixo. Assim: c, ć e č. E há ainda nesse idioma as sete declinações. Mas não se assustem. Meu *Dida* achava essa língua fácil: "É a única no mundo em que se fala do mesmo jeito que se escreve."

Mais que os móveis e os utensílios domésticos, a grande variedade de alimentos, especiarias e temperos que os dálmatas conheceram ao longo dos séculos são os verdadeiros suportes dessa língua de estrutura eslava em que também os estrangeirismos são declinados.

Aqui podemos destacar que a sua culinária, tão variada, recebeu influências de todos os povos que por ali passaram, tendo ou não fincado raízes.

No início do século 20, na aldeia de Blato e vizinhanças, essa preciosidade histórica e cultural de língua falada ainda se chamava *pod naši*, o que quer dizer, mais ou menos, *na nossa* (um belo jeito de não falar *na deles*!).

Croácia: cozinha e memória dálmata

Os dálmatas em São Paulo

Figura 11 – Turma D'Amor.

Um velho imigrante dálmata chegado ao Brasil em 1924 contava que seu bisavô fora veneto, seu avô e seu pai austríacos e, ele próprio, austro-húngaro, enquanto seu filho era súdito do reino dos sérvios, croatas e eslovenos. A saber: todos haviam nascido na mesma casa, na mesma aldeia de Blato, na mesma ilha de Korčula, Dalmácia, num espaço de 130 anos.

Essa *dalmaticidade* trazida a São Paulo nos anos 20 do século passado pelos que imigraram vindos daquelas aldeias ficou circunscrita a eles próprios. Ao contrário dos eslovenos, urbanos, cultos e politizados que vieram para cá à mesma época, os dálmatas, eram pescadores e camponeses liberados pela miséria do pós-primeira grande guerra para darem um jeito na vida no outro lado do mundo. Onde quer que fossem, teriam apenas sua origem para aglutiná-los.

Não foi à toa que a imprensa croata, antes simpática à emigração, rebelou-se de repente contra ela: "Brasil: grande terra de pântanos, café e cobras," escreveu o jornal *Slobodna Rijec* em 1925, diante da facilidade com que o governo mandava embora seus miseráveis. "Escravidão por lei não há, mas na prática existe," insistiu nos dias seguintes. E tinha razão: eram perto de três mil, ao que consta, os que foram atraídos por fazendeiros paulistas do café para substituírem aqui a mão-de-obra escrava trabalhando no regime de colonato: famílias inteiras – inclusive as crianças – trabalhavam nas plantações, moravam amontoadas em galpões e terminavam o mês sempre devendo aos patrões. Nenhum centavo, nada para remeter aos parentes que ficaram.

Com a crise na Bolsa de Nova York, em 1929, a crise do café e a revolução de 1930 no Brasil, as famílias se mudaram para a cidade de São Paulo, o maior centro industrial do país, e passaram a trabalhar, em sua maioria, nas tecelagens e nos lanifícios, localizados na então periferia leste desta cidade. Ex-pescadores e ex-camponeses, agora transformados em nova classe operária. Eram vistos na cidade grande como *bichos d'água*, espécie de versão estrangeira do *bicho do mato*, aqueles que chegaram pelo mar, de longe, com seus idiomas incompreensíveis do leste europeu, de países que nasceram com o fim do Império Austro-Húngaro.

Nos bairros do Belém e da Moóca – hoje bairros de classe média – os sobreviventes daquela época e a maioria de seus descendentes vivem até hoje.

Nos anos 30 e 40, o bairro do Belém podia ser considerado um bairro croata-dálmata, tamanha a presença desses imigrantes, reunidos em até três associações locais. Destaco a existência no bairro, naquela ocasião, do Esporte Clube Dalmácia, de blocos de carnaval formados apenas por jovens da comunidade e a criação de grupos de danças folclóricas, de um coral e de um conjunto musical típico de cordas. Como se vê, ajuntamentos próprios de primeiras gerações de imigrantes, fadados a desaparecer com o tempo, quando netos e bisnetos, já personagens de uma nova cultura local, não se sentirão diante da terra estranha com a qual os avós e bisavós toparam um dia pela frente.

Figura 12 – Esporte Clube Dalmácia.

Restou daqueles personagens um número enorme de fotos, cartas, objetos de época e, sobretudo histórias repassadas oralmente a seus descendentes, algumas poucas gravadas em áudio - e, mesmo, em vídeo. São narrativas dignas da atenção de quem se debruça sobre a história recente, do fim do século 19 a meados do século 20, plena de guerras, conflitos e episódios nebulosos que povoam os caminhos do mundo.

Um pouco dessa trajetória ficou marcada em cada um de nós, seus descendentes, de forma diversificada. Uns se interessaram pela música e pelas danças; outros, pelo cinema e pelo idioma. E há os que se distanciaram de vez das origens, preservando na memória pouca coisa mais que os traços de uma infância difícil.

Conversando com muitos deles, percebi que o que nos unia era a lembrança afetiva ligada à alimentação. Sempre aparecia alguém falando da comida da *Baba*, muito melhor que todas, ou do primeiro porre de *Sljvovica* na adolescência.

Segundo Poulain, a alimentação marca, no interior de uma mesma cultura, os contornos dos grupos sociais. Comer traça as fronteiras identitárias entre grupos humanos e uma cultura e outra, mas também no interior de uma mesma cultura.

Este livro é uma homenagem sincera a todos os imigrantes, que através da culinária, conseguiram preservar neste lado do mundo alguns traços básicos de sua identidade cultural, passando-os, por via oral, de mãe para filha, de avó para neta.

Hvala, Baba![1]

---

1 Obrigada, *Baba!*

Receitas

As receitas aqui apresentadas foram obtidas de várias fontes de pesquisa, sendo a principal a memória que guardo de minha *Baba*, que me passava oralmente seus conhecimentos. Procurei manter-me fiel aos relatos dela, buscando contornar os aspectos da imprecisão (*um punhado disso*, ou *um bocado daquilo...*) para tornar as receitas executáveis. Outras receitas, antigas até, encontrei por acaso.

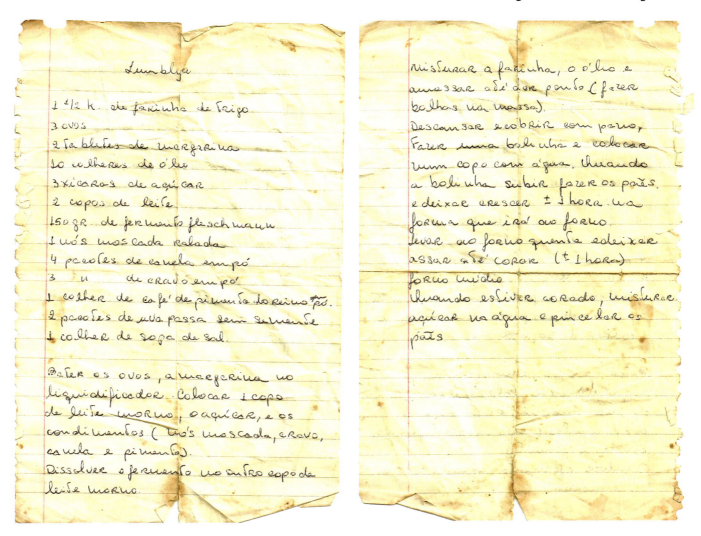

Figura 13 – Receita de lumblija.

Também importantes fontes de pesquisa, que serviram de fio condutor para esta publicação, foram os livros *Dalmatinska Kuhinja* (1976), de Dika Marjanović-Radica, e *Blajska Trpeza* (1995), de Rade Kaštropil Čulić, publicado, este último, essencialmente com receitas da cidade de Blato.

Ao ler este livro, muitos dálmatas poderão dizer: "ahhh... mas a minha *Baba* não fazia assim" ou "essa receita não é assim que se faz." Pode acontecer, pois cada receita tem um pouquinho de cada um de nós, como se fosse a impressão digital que nos torna únicos. Portanto, não existe receita certa ou errada, existe a interpretação de cada um, de acordo com suas preferências e vivências.

Outro dia, lendo a coluna de Nina Horta, no suplemento *Comida*, do jornal *Folha de S.Paulo*, deparei com uma definição de tradição que se encaixa perfeitamente na ideia que quero transmitir nesse campo:

"A palavra 'tradição' vem da palavra latina 'tradere', transmitir, e transmitir supõe mudanças, movimento. Não precisamos pensar nas tradições como paradas no tempo, mas, sim, comungando com nossos valores, com os lugares onde nascemos, a vida que tivemos, nosso saber culinário, nossas manias e gostos.

Tradições, acho, são práticas vindas de pessoas que crescem, que amadurecem, que mudam por dentro e por fora. A tradição vem de receitas trocadas ou contadas. Interesse, atenção, curiosidade ao tratar com ingredientes, saber como interagem, gostar de conversar sobre o assunto."

E isto, eu fiz bastante com a minha *Baba* e continuo fazendo com minha mãe.

Dobar Tek!... Bom apetite!

Minestra

(Minestra)
Tempo de preparo: 1 hora

Sopa
Rendimento: 6 porções

Ingredientes

- 3 colheres de sopa de azeite
- 1 cebola cortada em cubos
- 300 g de carne em cubos
- 1 cenoura sem casca em cubos
- 1 batata sem casca em cubos
- 1 chuchu sem casca em cubos
- 1 talo de salsão
- 3 colheres de sopa de alho-poró picado
- 1 xícara de chá de vagem em pedaços
- 2 xícaras de chá de macarrão tipo "pai-nosso"
- 3 colheres de sopa de salsinha picada.

Modo de Preparo

Em um caldeirão, aqueça o azeite e doure a cebola. Acrescente a carne e refogue por alguns minutos, mexendo sempre. Adicione a cenoura, a batata, o chuchu e a vagem, refogando-os um a um. Aos poucos, despeje a água fervente. Acrescente o maço de salsão e o alho-poró. Abaixe o fogo e deixe cozinhar até a carne e os legumes ficarem macios. Junte o macarrão e cozinhe até ficar *al dente*. Por último, despeje a salsinha por cima. Caso queira a sopa mais grossa ou mais rala, é só diminuir ou aumentar a quantidade de água.

Em uma casa croata, sempre se começa uma boa refeição pela sopa, a *juha* (iuha).

Tradição

Em uma casa croata, é praticamente impossível não começar uma refeição pela sopa ou por um bom caldo.

Zeljie dalmatinski način

(Zelhie dalmatinski natchin)
⏱ Tempo de preparo: 40 minutos

Verdura à moda Dálmata
🍽 Rendimento: 6 porções

Ingredientes

1 maço de couve tronchuda
4 batatas inglesas grandes
4 litros de água
Azeite
1 colher de sopa de sal
Noz Moscada ralada
Pimenta-do-reino
Sal

Modo de Preparo

Lave bem as folhas da couve tronchuda em água corrente. Pique as folhas em pedaços grandes, rasgando as folhas com as mãos. Coloque as folhas lavadas em água fervente com sal (1 colher de sopa) por 10 minutos. Escorra a verdura e reserve.

Lave as batatas inglesas e as cozinhe com casca até ficarem macias (aproximadamente 30 minutos). Após o cozimento, descasque e corte em pedaços grandes e misture-as à couve tronchuda, regando com bastante azeite, noz moscada ralada e pitadas de pimenta-do-reino e de sal.

Sugestão

Na falta da couve tronchuda, cuja safra no Brasil é geralmente entre os meses de março e abril, sugere-se utilizar brócolis italiano ou espinafre.

Celebração

Este é um prato bastante apreciado na Páscoa, acompanhando principalmente peixes assados. Lembro com carinho de um ritual para celebrar a amizade, a união e a saúde que meu avô fazia nessas ocasiões. Após a refeição, ele colocava vinho tinto na travessa vazia da Zeljie, que ainda continha bastante azeite, fazia movimentos circulares para misturar bem o conteúdo e bebia a mistura na própria travessa. Depois, repassava aos demais membros da família. E todos nós bebíamos, felizes por estarmos compartilhando aquele momento.

CIKORIJA AS SLANINOM ILI ČVARCIMA

(Tsikoria as slaninom ili tchvartsima)
🕐 Tempo de preparo: 30 minutos

Almeirão com Bacon ou Torresmos
🍽 Rendimento: 6 porções

Ingredientes

1 pé de almeirão ou *radicci* ou escarola

40 g de toucinho defumado

6 batatas cozidas com casca

Vinagre

Azeite

3 dentes de alho

Noz moscada ralada

Alecrim

Sal

Modo de Preparo

Tire as folhas do almeirão (*radicci* ou *escarola*), lave bem em água corrente, deixe escorrer toda a água até secar e reserve. Lave as batatas com casca em água corrente. Cozinhe as batatas com casca em água fervente por 20 minutos ou até ficarem macias. Quando as batatas estiverem cozidas, escorra a água e corte-as ao meio, no sentido do comprimento, sem descascá-las; reserve. Corte o toucinho em cubos bem pequenos, coloque numa frigideira antiaderente e frite o toucinho em sua própria gordura, com um pouco de vinagre. Coloque o almeirão já lavado em uma travessa de salada, despeje o toucinho ainda quente sobre a salada. Em outra travessa, coloque as batatas cortadas ao meio, misture o azeite, o alho picado, a noz moscada e o alecrim. Em substituição ao toucinho, pode ser usado o torresmo. Este prato pode ser servido sozinho ou como acompanhamento de carnes.

Geografia

Esta receita é original da Ístria, litoral norte da Croácia, fronteira com a Eslovênia.

Salata od krastavca s jogurtom

(Salata od krastavtsa s iogurtom)
⏲ Tempo de preparo: 15 minutos

Salada de Pepino e Iogurte
🍽 Rendimento: 6 porções

Ingredientes

    1 pepino japonês parcialmente descascado
    1 copo de iogurte natural desnatado
    (ou coalhada)
    4 colheres de sopa de azeite
    1/2 limão taiti
    1/2 xícara de chá de hortelã fresca picada
    Noz moscada ralada
    Pimenta do reino moída
    Sal a gosto

Modo de Preparo

    Corte as duas pontas dos pepinos e esfregue-as nas superfícies cortadas até sair uma espuma. Depois de descascar parcialmente os pepinos, corte-os em rodelas e coloque numa tigela. Misture o iogurte com o azeite, o suco do meio limão, a hortelã picada e tempere tudo com a noz moscada, a pimenta do reino moída na hora e o sal a gosto. Regue os pepinos fatiados com o molho de iogurte e misture bem.

Curiosidade

    Essa é, na verdade, uma sopa fria, consumida em todos os Bálcãs com pequenas variações, como por exemplo, o acréscimo de alho picado.

SALATA OD PATLIDŽANA I CRVENOM, ŽUTO I ZELENE PAPRIKOM

(Salata od patlidjana i tservenom juto i zelene paprikom)
Salada de berinjela com pimentões vermelhos, verdes e amarelos

🕐 Tempo de preparo: 65 minutos   🍽 Rendimento: 10 porções

Ingredientes

- 1 berinjela
- 1 pimentão vermelho
- 1 pimentão verde
- 1 pimentão amarelo
- 2 cebolas roxas
- 1 xícara de chá de alho poró cortado em rodelas
- 2 tomates sem pele e sem semente
- 10 azeitonas verdes
- 3 colheres de sopa de uva passa
- 3 ramos frescos de tomilho
- 1 colher de sopa de orégano
- 3 colheres de sopa de azeite extra-virgem
- Pimenta-do-reino
- Noz moscada
- Sal

Modo de preparo

Lave bem todos os legumes. Coloque em refratário 1 colher de sopa de azeite, as cebolas e o alho-poró, os pimentões (sem sementes), os tomates e as berinjelas cortados em cubos grandes. Misture bem com uma colher. Em seguida, coloque as azeitonas, a uva passa, o tomilho, o orégano, o restante do azeite, o sal, a noz moscada e a pimenta do reino. Misture bem mais uma vez. Cubra o refratário com papel alumínio e leve ao forno (já pré-aquecido) a 200°, por 45 minutos. Na metade do tempo, retire o papel alumínio e complete o cozimento até as berinjelas ficarem escuras. Pode ser servida quente ou fria, acompanhada de pão.

Heranças

Neste prato, podemos constatar a forte herança de vários povos que passaram pela Dalmácia: italianos, gregos, turcos e outros deixaram marcas profundas na cultura e, mais ainda, na culinária. Curiosamente, todos sabiam aproveitar bem a berinjela.

Ajvar

(ÁIvar) *Pasta de Berinjela e Pimentão*

Tempo de preparo: 50 minutos Rendimento: 1 pote – 10 porções

Ingredientes

2 berinjelas grandes
6 pimentões vermelhos grandes
Sal e pimenta do reino a gosto
3 dentes de alho cortados bem fininhos
1 colher de chá de páprica doce
Suco de limão a gosto
1/2 xícara de azeite

Modo de Preparo

Pré-aqueça o forno até 200-250°. Corte os legumes de cima para baixo e os coloque em uma assadeira. Asse durante 30 minutos ou até escurecerem. O pimentão fica mole – a casca se torna fácil de tirar – e a berinjela solta bastante água, que você pode guardar também para utilizar no molho. Envolva o pimentão ainda quente com filme plástico e espere por cerca de 10 minutos. Desenrole o filme plástico e descasque o pimentão. A berinjela pode ser cortada ao meio e a sua polpa retirada com a ajuda de uma colher. Misture os legumes assados e os amasse até conseguir uma substância homogênea. Tempere o molho com sal e pimenta a gosto. Adicione o alho, o suco de limão e páprica. Delicadamente, adicione o azeite e mexa sem parar. Coloque o molho pronto em um vidro e misture com salsa, se quiser. Pode-se conservar em pote na geladeira por aproximadamente uma semana.

Berinjela com música

Esta é mais uma forma de consumo de berinjela. Existe até uma canção sefaradita que ensina sete formas de preparar a berinjela. Recomendo preparar o *Ajvar* ao som de *Siete Modos de Guisar Las Berinjenas*, do CD *Inquilinos do Mundo*, do grupo Mawaca.

ŠUŠU OD TIKVE

(Chúchu od tikve)
🕐 Tempo de preparo: 40 minutos

Cozido de Abobrinha
🍽 Rendimento: 6 porções

Ingredientes

- 2 abobrinhas médias
- 1 cebola média picada
- 1 pimentão vermelho sem sementes
- 3 dentes de alho picados
- 2 tomates sem pele e sem semente picados
- 4 batatas inglesas sem casca
- 3 ramos de tomilho
- 3 folhas louro
- 10 azeitonas verdes
- Sal e pimenta do reino a gosto
- 500 ml de água fervente

Modo de Preparo

Lave bem as abobrinhas, as batatas, os tomates e os pimentões; corte em cubos todos os legumes e reserve. Coloque 2 colheres de óleo em uma panela para refogar a cebola, até ficar transparente. Acrescente os alhos picados até dourar. Em seguida, coloque o pimentão picado sem sementes, mexa bem e refogue um pouco, por cerca de 2 minutos. Acrescente as abobrinhas, mexendo por mais 2 minutos. Depois, coloque os tomates, refogue por mais 2 minutos e, por último, coloque as batatas, misturando tudo por cerca de 3 minutos. Acrescente o tomilho, o louro, o sal a pimenta do reino; despeje a água fervente até cobrir as batatas; tampe e cozinhe por cerca de 15 minutos ou até as batatas ficarem macias.

Acompanha arroz branco ou macarrão.

Recomendação às mamães

A região de Blato era (e ainda é) conhecida como produtora de abobrinha. Minha *Baba*, com seus temperinhos e com o acréscimo da batata, fazia esse legume, aparentemente insosso, parecer mais saboroso. Preparei para meu filho, que aprovou! Dica para as mamães que sofrem para fazer seus pequenos comerem legumes e verduras: acrescentem batata!

Salata od boba

(Salata od boba)
🕐 Tempo de preparo: 30 minutos

Salada de Fava
🍽 Rendimento: 6 porções

Ingredientes
- 1 xícara de chá de fava
- 2 folhas de louro
- 1 talo de aipo
- 1 cebola roxa pequena picada
- 1 tomate sem pele e sem semente picado em cubos
- 1 pimentão vermelho pequeno picado em cubos
- 1 pimentão amarelo pequeno picado em cubos
- 2 colheres de sopa de azeitonas picadas
- 1 colher de sopa de salsinha picada
- 1 colher de sopa de cebolinha picada
- 2 colheres de sopa de azeite
- 1 pitada de noz moscada ralada
- 1 pitada de pimenta-do-reino
- 1 pitada de sal

Modo de Preparo

Coloque a fava numa panela de pressão preenchida com metade de água. Junte a folha de louro e o talo de aipo. Ao atingir a pressão, deixe cozinhar por 20 minutos. Após abaixar a pressão, abra a panela e, com um garfo, verifique se a fava está macia. Se ainda estiver dura, cozinhe sem pressão até ficar macia. Retire as favas da panela e espere esfriar. Enquanto aguarda as favas esfriarem, pique todos os ingredientes e misture-os às favas.

Curiosidade

Na Croácia, "Bôbá" é a designação genérica para feijão ou vagem. Minha *Baba* usava a fava para fazer essa deliciosa salada.

SALATA OD HUBOTNICE

(Salata od rubotnitce)
🕐 Tempo de preparo: 90 minutos

Salada de Polvo
🍽 Rendimento: 6 porções

Ingredientes
- 1 kg de polvo
- 2 limões sicilianos
- 1 cebola grande picada
- 3 dentes de alho picados
- 1 xícara de chá de salsinha picada
- 1 xícara de chá de hortelã picada
- 1 xícara de chá de cebolinha picada
- 1 colher de sopa de orégano
- 1 colher de sopa de alecrim
- 1 cálice de aguardente
- Pimenta-do-reino
- Noz moscada
- Azeite

Modo de Preparo

Lave bem o polvo em água corrente, tirando todo o resquício de sua tinta. Coloque-o numa travessa e tempere-o com limão siciliano, pimenta-do-reino e noz moscada. Envolva a travessa com filme plástico e reserve. Numa panela grande, aqueça a água até ferver; em outra, coloque água gelada com gelo. Coloque o polvo na água fervente por um minuto e, em seguida, também por um minuto, na água gelada. Faça isso três vezes e depois deixe na água fervente ainda por cerca de uma hora (dependendo do tamanho do polvo, o tempo de cozimento pode variar). Nos três minutos finais do cozimento, acrescente o cálice de aguardente. Ao término do tempo de cozimento, desligue o fogo e escorra o polvo. Corte o polvo em pequenos pedaços, incluindo os tentáculos. Junte a cebola, o alho, a salsinha, a hortelã, o orégano, o alecrim, a pimenta-do-reino, a noz moscada, o sal, o azeite e o limão siciliano (que pode ser substituído por vinagre); misture bem e espere esfriar. Está pronto para servir.

Outra forma de cozinhar o polvo é colocá-lo em uma panela de pressão, sem água, e tampar. Quando a panela começar a apitar, contar 8 minutos. Desligar o fogo, e esperar a pressão baixar para abrir a tampa. O polvo sai macio e pronto para temperar.

O pescador de polvos

Meu *Dida* era um homem alto e forte. Suas mãos me impressionavam pela força e pelo tamanho.

Katia Gavranich Camargo

Ele me contava histórias de quando agarrava polvos com as mãos em Prižba, uma praia próxima a Blato, sua aldeia. Ele dizia que o polvo era um bicho muito inteligente e manhoso. Era preciso ser muito astuto para pegá-lo antes que entrasse em qualquer toca. O *Dida* o agarrava pelos tentáculos e... zás! Arremessava o bicho de cabeça contra uma pedra. E tinha um jeito certo de fazer isso, senão o polvo ficava duro e não haveria cozimento que o amolecesse.

Slana riba

(Slana riba)
🕐 Tempo de preparo: 40 dias

Pescado curtido em sal grosso
🍽 Rendimento: 200 porções

Ingredientes
10 kg de sardinha fresca (não pode ser congelada)
4 kg de sal grosso
2 kg de sal refinado

Materiais necessários para o armazenamento
1 caixa plástica com capacidade para 15 kg
1 tábua de pinho cortada no tamanho exato para caber na superfície da caixa plástica, sem tampá-la completamente
1 paralelepípedo

Modo de Preparo

Limpe as sardinhas, retirando todas as escamas, espinhas e vísceras, cortando-a no formato aberto, tipo "espalmado." Misture o sal grosso e o sal refinado em um recipiente e reserve. Espalhe um punhado de sal grosso no fundo de uma caixa plástica. Coloque as sardinhas fechadas, enfileiradas, alternando a direção da cabeça e da cauda. Cubra com mais um punhado de sal grosso, coloque mais uma camada de sardinha, com a mesma configuração e assim proceda, sucessivamente, com uma camada de sal e uma de sardinhas enfileiradas, até o topo da caixa. Para finalizar, cubra com uma madeira de pinho tratada para não soltar odores (com imersão em um recipiente com água limpa, por cinco dias, trocando todos os dias essa água). Em cima dessa tábua, coloque o paralelepípedo, devidamente higienizado. Cubra a caixa com um pano limpo, amarrando toda a volta para que nenhuma impureza entre na caixa. Deixe assim, sem mexer por cerca de 10 dias. Passado esse período, tire o peso e, com a ajuda da tábua, segure o conteúdo e escorra todo o líquido das sardinhas. Volte a cobrir todas as sardinhas com nova salmoura (5 litros de água misturada com cerca de 1 kg de sal). Cubra novamente com a tábua, a pedra e o pano por cerca de 30 dias. Durante esse período, é importante não deixar o pescado sem salmoura, verificando a cada semana e completando com água, quando o nível de salmoura baixar.

Para servir, basta retirar a porção desejada e regar com bastante azeite. Pode ser consumida com pão ou servir de base para molhos, como *Brodet*, sardela, pizzas e massas em geral. Validade das sardinhas na salmoura: cerca de 6 meses.

Tradições

Esta é uma das receitas mais tradicionais de Blato e Vela Luka. É passada pelos patriarcas de geração a geração como se fosse um segredo de família. Na falta deles, pelas mães e avós.

Lignje s krumpirom iz pećnice na jadranski način

(Liguinhe s krompirom iz pechnitse na iadranski natchin)
Lula assada com batatas à moda do Adriático

⏱ Tempo de preparo: 50 minutos   🍽 Rendimento: 6 porções

Ingredientes

500 g de lula limpa cortada em anéis e tentáculos
1 kg de batatas inglesas cozidas cortadas em cubos
1 cebola média picada
3 dentes de alho picados
1 cenoura crua descascada e cortada longitudinalmente
1 xícara de chá de azeitonas verdes sem caroço
1 colher de sopa de salsinha picada
2 colheres de sopa de azeite
1 pitada de sal
Pimenta do reino a gosto

Modo de Preparo

Coloque todos os ingredientes em uma travessa, exceto os tentáculos da lula. Mexa até misturá-los bem. Por último, coloque os tentáculos sobre a mistura, acrescente um pouco mais de pimenta do reino e azeite. Cubra a travessa com papel alumínio e leve ao forno por 40 minutos. Pode ser servida sozinha ou acompanhada de uma salada de folhas verdes.

Prato típico

Lula é um ingrediente muito apreciado na Dalmácia. Mas minha Babinha não tinha o costume de fazê-la no Brasil. Era muito cara, pesava muito no orçamento de uma família operária.

48

Katia Gavranich Camargo

GOULAŠ OD LIGNJE

(Gulash od liguinhe)
🕐 Tempo de preparo: 40 minutos

Gulash de Lula
🍽 Rendimento: 6 porções

Ingredientes

- 500 g de lulas já limpas
- 2 colheres de sopa de azeite
- 1 cebola grande
- 3 dentes de alho
- 1 cálice de vinho branco de boa qualidade
- 1 colher de sopa de extrato de tomate
- 1 xícara de chá de purê de tomate
- 2 colheres de sopa de páprica doce
- 1 colher de café de noz moscada
- 3 folhas de louro
- 4 batatas inglesas grandes
- 1 colher de sopa de salsa picada
- Pimenta–do-reino
- Sal

Modo de Preparo

Adquira as lulas inteiras ou em anéis, de preferência já limpas. Se estiverem inteiras, corte-as em anéis e tentáculos. Tempere-as com limão siciliano, uma colher de páprica doce e um pouco de sal e deixe pegar gosto por 30 minutos. No azeite quente, refogue a cebola e o alho até dourar. Adicione a lula, o louro e refogue. Regue as lulas com o vinho branco e cozinhe-as até que o vinho evapore. Acrescente o extrato de tomate e mexa mais um pouco. Adicione o purê de tomate e a outra colher de páprica; continue mexendo bem. Coloque as batatas cortadas em cubos e torne a mexer. Despeje água quente até cobrir tudo. Adicione sal e pimenta-do-reino a gosto. Quando as batatas estiverem macias, desligue e polvilhe com salsa picada e noz moscada.

Servir acompanhado de arroz branco.

Variações linguísticas

O Gulash, originário da Hungria, é na Croácia uma herança do Império Austro-Húngaro. O original é feito com carne, mas pode se fazer com lula ou peito de frango. Minha *Baba* fazia com carne e, como todas as outras Babinhas dálmatas, trocava o *G* pelo *K*. Dizia "Hoje vai ter Kulaš".

VONGOLE NA BABU NAČIN

(Vôngole na bábu natchin)

🕐 Tempo de preparo: 40 minutos

Vôngole à moda da Baba

🍽 Rendimento: 6 porções

Ingredientes

- 1 kg de vôngoles
- 2 colheres de óleo de milho
- 1 litro de água fervente ou de caldo de peixe
- 1 cálice de vinho branco
- 3 dentes de alho
- 1 cebola média picada
- 1 tomate sem pele e sem sementes picado
- 1 colher de chá de alecrim
- 1 colher de chá de orégano
- 3 ramos e tomilho
- 1 colher de sopa de salsinha e cebolinha picadas
- 3 colheres de sopa de pimenta-do-reino

Modo de Preparo

Lave bem o vôngole em água fria corrente. Limpe e pique o alho, a cebola, o tomate. Coloque em uma panela o óleo, deixe aquecer um pouco e refogue a cebola até ficar transparente, o alho até dourar um pouco e o tomate até desmanchar. Em seguida, coloque os vôngoles e refogue até as conchas começarem a abrir. Mexa suavemente para misturar todos os ingredientes. Quando os vôngoles abrirem, adicione o vinho branco e deixe evaporar um pouco. Coloque, aos poucos, água quente ou o caldo de peixe até cobrir os vôngoles, adicione o alecrim e uma colher de sopa de azeite. Cozinhe por alguns minutos até que o líquido esteja reduzido. Mexa suavemente de vez em quando, apenas para misturar bem os ingredientes. Ao término do cozimento, adicione a salsinha, a cebolinha picada e a pimenta do reino.

Recomendação

Ao comprar os vôngoles, certifique-se de que estão todos bem fechados. Conchas abertas podem estar estragadas, impróprias para o consumo. Somente quando cozidas as conchas devem ficar abertas.

Doces lembranças

Ahhh... Babinha, que saudades! Esta é uma das receitas que sempre me remetem à cozinha da casa dela.

BAKALAR LEŠO

(Bacalar lécho)

🕐 Tempo de preparo: um dia para dessalgar e 40 minutos para preparar.

Bacalhau cozido

🍽 Rendimento: 6 porções

Ingredientes

1 kg de bacalhau desfiado

1 kg de batatas cebola grande picada

3 dentes de alho

1 xícara de chá de salsinha picada

Azeite

Sal

Pimenta-do-reino

Modo de Preparo

Coloque o bacalhau para dessalgar durante 24 horas, trocando a água a cada três horas. No dia seguinte, desfie o bacalhau e coloque-o em uma panela com água fervente, azeite, batatas e cebola picada. Quando as batatas estiverem macias, escorra o bacalhau e as batatas. Coloque em uma travessa e misture com bastante azeite, as batatas, o bacalhau, as cebolas e a salsinha. Adicione pimenta-do-reino a gosto.

Simplicidade é tudo

O preparo simples, usando os elementos básicos água, azeite e sal, é o grande segredo da culinária dálmata.

PEČENA RIBA
NA DALMATINSKE NAČIN

(Petchena riba na dalmatinske natchin)

🕐 Tempo de preparo: 90 minutos

Peixe assado à moda Dálmata

🍽 Rendimento: 6 porções

Ingredientes

1 peixe de 1,5 kg – corvina, tainha, robalo ou abadejo – limpo, sem vísceras e escamas

1 limão siciliano ou taiti

1 galho de alecrim

3 folhas de louro

1 colher de sobremesa de orégano

1 xícara de chá de salsinha

3 colheres de sopa de azeite de oliva

4 dentes de alho amassados

3 colheres de sopa de azeitonas verdes ou pretas

1/2 xícara de vinho branco seco ou de suco de limão

4 batatas inglesas

1 pitada de noz moscada ralada

Sal e pimenta a gosto

Modo de Preparo

Lave e limpe bem o peixe e tempere-o com limão, o alecrim, o louro, o orégano, o alho, o sal e o azeite. Deixe curtir por 1 hora. Descasque as batatas, corte-as em rodelas e cozinhe em uma panela com água e sal por cerca de 20 minutos ou até ficarem cozidas, porém firmes. Coloque o peixe em uma assadeira sobre a cebola cortada em rodelas e regada com bastante azeite e vinho; salpique a salsinha, orégano e louro. Cubra com papel alumínio e leve assar em forno moderado por 20 minutos. Tire o papel alumínio, unte o peixe com azeite, disponha as batatas cozidas ao redor do peixe, salpique mais um pouco de alecrim, noz moscada, pimenta do reino e deixe dourar um pouco, regando às vezes com o vinho branco, se necessário.

Olho de peixe

Na casa da *Baba*, o peixe era sempre assado inteiro, incluindo a cabeça. Ao final da refeição, quando todos já haviam comido, meu *Dida* se servia da cabeça e comia o cérebro e os olhos do peixe. Com um semblante de satisfação, oferecia para os demais, elogiando as qualidades nutritivas da cabeça do peixe. Soube mais tarde que esse hábito *sui generis* era comum entre os patriarcas dálmatas.

Valjušci

(Valhushtsi)
🕐 Tempo de preparo: 50 minutos

Nhoque
🍽 Rendimento: 6 porções

Ingredientes
   1 kg de batatas
   1 ovo
   1 colher de sopa de manteiga
   250 g de farinha de trigo peneirada
   Água fervente

Modo de Preparo

Cozinhe as batatas com casca. Quando estiverem macias, descasque-as e esprema-as com espremedor. Coloque esse purê em uma superfície lisa e acrescente os ovos inteiros, o sal, a manteiga e a farinha peneirada. Amasse com a mão até atingir o ponto de corte. Desprenda um pouco da massa e enrole como um nhoque comprido. Corte pedaços da massa do tamanho de uma noz e enrole delicadamente mais uma vez até ficar na espessura de um pequeno macarrão. Cozinhe em água fervente; quando subirem à superfície, retire com a escumadeira e passe para um escorredor de macarrão. Sirva com caldo de carne ou *gulash*.

Nos tempos difíceis

O Valušci é considerado um alimento muito versátil. Ele tem desempenhado historicamente um papel importante nos momentos de crise econômica e de fome na Europa. Dado ao grande número de variedades e inúmeras outras maneiras com que se pode prepará-lo, é garantia de estômago cheio.

Pašticada bez mesa

(Pachtitsada bes messa)
🕐 Tempo de preparo: 20 minutos

Cozido de legumes sem carne
🍽 Rendimento: 6 porções

Ingredientes

    2 colheres de manteiga
    1 cebola média picada
    1 cenoura cortada em rodelas finas
    1 colher de farinha de trigo
    1 colher de extrato de tomate
    1/2 copo de Prošek ou vinho do Porto
    120 g de ameixa seca
    5 ou 6 cravos
    Sal e pimenta-do-reino

Modo de Preparo

Doure a cenoura na manteiga, acrescente a cebola picada e refogue. Acrescente uma colher de farinha de trigo, mexendo sem parar para não empelotar. Deixe dourar, acrescente uma colher de extrato de tomate, continue mexendo. Despeje lentamente o Prošek, as ameixas secas, lavadas e cortadas em pedacinhos, seguidas dos cravos, sal, noz-moscada e uma pitada de pimenta-do-reino. Despeje, também lentamente, meio litro de água fervente. Cozinhe até as cenouras ficarem macias. Acrescente mais água, se for necessário, pois o caldo a ser formado não deve ser muito denso. Acompanha Valjušci, batatas assadas e massas em geral (capeleti, ravioli).

Aviso ao veganos

É o molho da Pašticada, só que sem carne. Bom apetite!

Croácia: cozinha e memória dálmata

ŽLIČNJACI OD KRUPIRICE

(Jlítchnhatci od krupirice)
🕐 Tempo de preparo: 30 minutos

Nhoque de semolina
🍽 Rendimento: 6 porções

Ingredientes
- 1 xícara de chá de semolina
- 2 colheres de sopa de manteiga
- 2 copos de leite
- 2 colheres de sopa de queijo parmesão ralado
- 2 gemas de ovo
- Sal
- Noz-moscada
- Salsinha picada (opcional)

Modo de Preparo

Em uma panela em fogo brando, junte o leite, a manteiga e o sal; misture delicadamente até ferver. Retire do fogo e adicione aos poucos a semolina e o queijo parmesão, mexendo bem para não empelotar. Volte ao fogo, adicione as gemas e mexa bem até desprender da panela. Adicione mais sal, se necessário, e tempere com um pouco de noz-moscada ralada. Se quiser, pode acrescentar a salsinha picada. Retire do fogo e deixe esfriar. Coloque em superfície lisa e corte os nhoques em formato redondo. Sirva com o molho de sua preferência. Se quiser, ainda pode ir ao forno para gratinar, regado com queijo parmesão ralado.

Croácia: cozinha e memória dálmata

Gulaš od maslina i praziluka

(Gulash od maslina i praziluka)
⏱ Tempo de preparo: 20 minutos

Gulash de Azeitonas e Alho Poró
🍽 Rendimento: 6 porções

Ingredientes
- 5 xícaras de alho-poró cortado em rodelas
- 200 g de azeitonas verdes sem caroço
- 4 colheres de sopa de azeite
- 1 colher de sopa de extrato de tomate
- 1 xícara de chá de polpa de tomate
- 1 copo de vinho branco seco
- 4 colheres de sopa de salsinha
- 2 colheres de sopa de páprica picante
- 2 colheres de sopa de açúcar
- Pimenta do reino a gosto
- 1 pitada de sal

Modo de Preparo

Refogue no óleo o alho poró com azeitonas. Quando murchar, acrescente o extrato de tomate e refogue bem. Adicione o copo de vinho branco e deixe refogar mais um pouco. Acrescente a polpa de tomate e deixe refogar. Coloque o açúcar, o sal e a pimenta do reino. Por último, acrescente salsinha picada.

Pode ser consumido quente ou frio, como acompanhamento de arroz ou batatas.

Na quaresma

Durante a quaresma, nem pensar em comer carne de nenhuma espécie terrestre, somente peixe. Algumas receitas que usam carne são adaptadas a essa condição. Tanto os católicos da Croácia quanto os ortodoxos da Sérvia adotam rigidamente essa restrição.

Kaša

(Kasha)   *Polenta mole*

🕐 Tempo de preparo: 15 minutos   🍽 Rendimento: 6 porções

Ingredientes

    4 a 5 colheres de sopa de fubá
    1 litro de água
    Sal
    1 colher de óleo

Modo de Preparo

    Numa panela grande, aqueça a água até ferver. Acrescente o sal e abaixe o fogo. Com a colher de pau em uma mão, vá mexendo a água e, com a outra mão, pegue um punhado de fubá (ou de sêmola de milho) e vá soltando aos poucos, constantemente. Acrescente todo o fubá vagarosamente para não empelotar e deixe cozinhar por cerca de 30 minutos, mexendo sempre com a colher. A polenta estará pronta quando desprender das paredes e do fundo da panela, mas ainda permanecer bem mole. Caso sinta a necessidade, acrescente mais água quente.

    Sirva com *gulash* ou *brodet*.

Brodet

(Brodét) *Molho de Tomate com Peixe*

Tempo de preparo: 30 minutos Rendimento: 6 porções

Ingredientes
- 250 g de sardinha
- 3 colheres de sopa de azeite
- 1 cebola grande picada
- 3 dentes de alho
- 4 tomates sem pele e sem semente
- 1 colher de sopa de extrato de tomate
- 1 colher de sopa de vinagre
- Páprica picante
- Salsinha
- Cebolinha
- 3 folhas de louro

Modo de fazer

Limpe o peixe, retirando as escamas e as vísceras. Tempere o peixe com cebola, alho, sal, pimenta, louro e limão e deixe descansar por uma hora. Refogue a cebola, o alho e os tomates, deixando apurar bem. Coloque uma colher de extrato de tomate, mexa por mais um minuto, tempere com páprica, coloque o peixe, cubra com água fervente e deixe cozinhar por 10 minutos. Ao final do cozimento, salpique com salsinha e cebolinha, adicione o restante do azeite e do vinagre. Acompanha *Kaša*, arroz branco, massas em geral.

Saudade

Minha *Baba* fazia um Brodet com Kaša tão saboroso, que era para ser comido de joelhos!

Rižoto od piletine

(Rijoto od piletine)

🕐 Tempo de preparo: 45 minutos

Risoto de Frango

🍽 Rendimento: 6 porções

Ingredientes

- 2 xícaras de arroz arbóreo
- 2 colheres de sopa de manteiga
- 2 colheres de sopa de azeite
- 300 g de peito de frango
- 1/2 limão taiti
- 1 cálice de vinho branco seco
- 3 colheres de sopa de alho-poró picado
- 1 cenoura pequena cortada em rodelas
- 1 tomate sem pele e sem semente
- 2 folhas de louro
- 2 cebolas pequenas
- 4 dentes de alho
- 3 colheres de sopa de azeitonas picadas
- 2 colheres de extrato de tomate
- 1 colher de chá de orégano
- 1 colher de chá de páprica doce
- 3 colheres de sopa de parmesão ralado

Modo de preparo

Lave bem o frango em água corrente e coloque-o em um prato fundo. Tempere o frango com páprica doce, uma pitada de sal e o suco de meio limão. Cubra com filme plástico e reserve.

Em uma panela coloque cerca de dois litros de água, uma cebola pequena em rodelas, o alho poró, a cenoura descascada e cortada em rodelas, o louro e uma pitada de sal. Quando a água começar a ferver, adicione o peito de frango. Desligue quando o frango estiver cozido, aproximadamente 15 minutos. Retire o frango, desfie e reserve.

Em outra panela, refogue a cebola e o alho na manteiga e no azeite. Acrescente o tomate e refogue até desmanchar. Em seguida coloque o arroz e mexa bem. Acrescente o frango desfiado, a folha de louro, a páprica doce e junte um cálice de vinho, mexendo bem até reduzir o líquido. Acrescente o extrato de tomate e incorpore todo o arroz e o frango, continuando a mexer bem. Acrescente as azeitonas picadas e misture. Coloque uma concha do caldo de frango neste refogado e continue mexendo. Assim que perceber que o caldo secou, repita a operação. Faça isso por umas 5 vezes, mexendo sem parar, até o arroz ficar *al dente*. Se necessário, acrescente um pouco mais de água e meio cálice de vinho, para que fique bem cremoso. Por fim, acrescente o orégano, a salsinha e o queijo ralado; mexa bem para misturar tudo e... está pronto. Como acompanhamento, sugiro salada de folhas verdes e tomate.

Lembranças

Minha *Baba* preparava esse risoto com arroz agulhinha, também muito saboroso. Na minha infância, os arrozes próprios para risoto eram raridade.

Ćevapčići

(Cheváptchichi)
Tempo de preparo: 40 minutos

Bolinho de carne dos Bálcãs
Rendimento: 6 porções de 4 bolinhos

Ingredientes

- 250 g de carne bovina moída (patinho, acém)
- 250 g de carne de porco moída (pernil ou lombo)
- 250 g de carne de cordeiro moída
- 3 dentes de alho picado
- 1/2 pimenta dedo de moça picada
- 1/2 xícara de chá de cebola
- Sal e pimenta do reino a gosto

Modo de Preparo

Misture bem as carnes moídas, o alho picado, a cebola, o sal e as pimentas. Enrole essa mistura no formato de um cilindro de 5 centímetros, com largura aproximada de dois dedos. Envolva com filme plástico e leve à geladeira por uma hora.

Se quiser, pode congelar nesta fase. Prepare uma grelha elétrica ou a carvão, colocando os rolinhos de ćevapčići sobre a grelha, virando de vez em quando até assar toda a volta. Pode ser frito em uma frigideira antiaderente, com uma colher de óleo, por cerca de oito minutos, virando de todos os lados. Servir com cebola crua picada e com pão.

Sugestão: A carne de cordeiro pode ser substituída, aumentando-se as proporções das carne de porco e de boi.

Travalínguas

A *Baba* sempre fazia esses bolinhos de carne deliciosos, tão fáceis de comer, mas de nome quase impronunciável por crianças brasileiras. Levei muito tempo para aprender a pedir ćevapčići no original.

PAŠTICADA NA DALMATINSKI NAČIN

(Pachtitsada na dalmatinski nachin)
🕐 Tempo de preparo: 12 horas para marinar
e 1 hora para preparar

Carne assada à moda Dálmata
🍽 Rendimento: 6 porções

Ingredientes

- 1 kg de lagarto ou coxão duro
- 1 colher de sopa de cravo da Índia
- 4 dentes de alho
- 1/2 litro de vinho tinto seco de boa qualidade
- 100 g de toucinho defumado
- 2 cebolas grandes picadas
- 4 cenouras grandes cortada em rodelas
- 1 talo de aipo picado
- 4 colheres de sopa de óleo (milho, girassol ou soja)
- 2 colheres de sopa de extrato de tomate
- 1 colher de chá de noz moscada ralada
- 1 colher de chá de canela em pó
- 1 cálice de vinho do Porto (ou Prošek, vinho doce da Dalmácia)
- 1 xícara de ameixa seca
- Sal e pimenta a gosto

Modo de Preparo

Limpe bem o lagarto, retirando qualquer vestígio de gordura e tendões. Perfure a carne com o auxílio de uma faca para inserir alguns cravos, os dentes de alho e o toucinho cortado longitudinalmente. Coloque a carne em um recipiente fundo e regue com vinho tinto para marinar, juntamente com as cenouras cortadas em rodelas, uma cebola cortada em rodelas e o aipo picado. Envolva o recipiente da carne em filme plástico e coloque na geladeira por cerca de 12 horas.

No dia seguinte, coloque o óleo em uma panela de pressão e refogue a cebola picada e o aipo picado, até murchar levemente. Acrescente a carne e sele de todos os lados.

Coe o vinho da marinada e coloque os legumes (cebola, cenoura, aipo) para cozinhar juntamente com a carne. Refogue todos os ingredientes por 3 minutos. Acrescente água fervente até cobrir a carne. Tampe a panela de pressão e cozinhe por 30 minutos.

Após o cozimento e a redução da pressão, abra a panela e retire a carne, fatie e reserve. Acrescente o extrato de tomate aos legumes que ficaram na panela, mexendo bem. Acrescente as ameixas secas, um cálice de vinho do Porto ou Prošek, sal, noz moscada, canela e pimenta a gosto. Cozinhe mais um pouco, acrescente água, se necessário, até apurar e engrossar bem o molho. Depois, coloque esse molho para bater em um liquidificador. Ponha-o de volta na panela e coloque a carne fatiada por mais alguns minutos, até apurar mais o gosto.

Sirva acompanhada de massas, batata ou arroz branco.

Sarma

(Sarma)
🕐 Tempo de preparo: 90 minutos

Charuto de Repolho
🍽 Rendimento: 6 porções de 3 charutinhos cada

Ingredientes

- 1/2 kg de carne bovina moída (patinho, acém)
- 1/2 kg de carne suína moída
- 1/2 xícara de chá de arroz cozido
- 1 cebola picada
- 2 dentes de alho picados
- 2 ovos inteiros
- 1 folha de louro
- 1 cabeça de repolho aferventado
- 300 g de costelinha defumada
- 200 g de bacon em pedaços
- 1/2 kg de chucrute (repolho curtido)
- Óleo vegetal
- 1 colher de sobremesa de páprica picante
- 2 colheres de sopa de farinha de trigo
- Sal
- Pimenta do reino moída

Modo de Preparo

Misture bem as carnes, arroz, cebola, alho, ovos, sal e pimenta; faça pequenos bolinhos de cerca de 5 centímetros e reserve. Coloque a cabeça do repolho na água quente, por cerca de 2 minutos, para que fique maleável. Abra a folha do repolho, recheie com os bolinhos de carne e arroz e enrole como um charuto. Coloque um pouco de chucrute no fundo da panela e arrume por cima os rolos. Coloque as costelinhas, o bacon, o chucrute, o louro e faça camadas. Cubra com água, acrescente páprica, pimenta e sal e deixe cozinhar até as carnes amaciarem. Em uma frigideira com óleo, refogue a cebola picada e o alho. Acrescente um pouco de farinha até dourar. Coloque o caldo aos poucos para engrossar. Depois, despeje novamente sobre o cozido. Ajuste o sal, se necessário.

Servir com arroz branco ou com batatas assadas ou cozidas.

Geografias

Esses eram os famosos charutos de repolho que a *Baba* sempre fazia. É um prato típico dos Bálcãs e da Europa Central, desde a Turquia até a Áustria, com pequenas variações de um lugar a outro.

POGAČA

(Pôgacha)
🕐 Tempo de preparo: 1 hora

Pão caseiro de boas vindas
🍽 Rendimento: 30 porções

Ingredientes
- 500 ml de leite morno
- 100 g de fermento fresco
- 1 colher de chá de açúcar
- 1 kg de farinha
- 3 gemas
- 3 colheres de chá de sal
- 1 $^{1/2}$ xícara de óleo
- 3 claras
- 3 colheres de sopa de gergelim ou de queijo parmesão ralado
- Manteiga e farinha para untar a forma

Modo de preparo

Aqueça o leite até amornar (não pode ser muito quente), dissolva o fermento fresco e adicione 1 colher de farinha, 1 colher de chá de açúcar. Mexa tudo delicadamente até dissolver bem a farinha e o fermento. É Importante utilizar uma caneca alta, pois a mistura fermentará até dobrar de tamanho.

Enquanto isso, misture com as mãos, em uma tigela grande, 1 kg de farinha, as 3 gemas, 3 colheres de chá de sal e a 1 $^{1/2}$ xícara de óleo. Junte aos poucos o leite com fermento, misturando sempre até desgrudar das mãos. Ajeite a massa em uma assadeira redonda, previamente untada e enfarinhada. Antes de assar, passe as claras levemente batidas por cima do pão e polvilhe com gergelim ou queijo ralado.

Assar ao forno a 220° por uns 15 minutos e, depois, a 200° até dourar.

Dobrodošli! (Bem-vindo!)

Este pão caseiro é servido nas casas croatas em sinal de boas vindas, juntamente com um punhado de sal e uma dose de *rakija* (rákia). Descobri há pouco que na língua culta croata, a pronúncia do nome desse pão é *pôgacha*, mas, em *pod naše*, língua falada na aldeia de minha *Baba*, pronunciava-se *pogácha*.

PUŠURATA

(Puchurata)
🕐 Tempo de preparo: 2 horas

Bolinho de Chuva dálmata
🍽 Rendimento: 200 unidades

Ingredientes

- 700 g de farinha de trigo
- 600 g de batata
- 45 g de fermento biológico
- 250 ml de água morna
- 1 casca de laranja ralada
- 1 casca de limão ralada
- 3 colheres de açúcar
- 1 cálice de anisete (opcional)
- 1 xícara de chá de uva passa (opcional)
- 1 colher de sal
- Óleo vegetal para fritar
- Açúcar de confeiteiro
- Canela em pó

Modo de Preparo

Lave, descasque e coloque as batatas em água fervente com uma colher de sobremesa de sal, para cozinhar por cerca de 20 minutos ou até ficarem bem macias. Esprema as batatas e espere esfriar. Dissolva o fermento biológico em 250 ml de água morna. Em um recipiente bem alto, tipo um caldeirão de macarrão, coloque as batatas espremidas e vá acrescentando aos poucos a farinha e o fermento biológico, fazendo movimentos vigorosos com a mão para misturar bem os ingredientes. Se a massa ficar muito dura, acrescente mais água morna, até formar uma massa lisa. Acrescente as raspas de laranja, de limão, o açúcar, o anisete e as uvas passas, misturando bem com a mão. Em seguida, retire um pouco dessa massa, cerca de uma colher de chá, faça uma bolinha e mergulhe em um copo americano com água morna. Cubra o caldeirão com uma manta bem pesada e deixe descansar. Quando a bolinha subir à superfície, após cerca de 30 minutos, o descanso da massa estará completo. Esquente o óleo em fogo brando. Tome pedaços pequenos da massa com as mãos, esprema entre a palma da mão e os dedos e corte o excedente com auxílio de uma colher, despejando a massa, que deverá estar em formato redondo, sobre o óleo quente. Frite bem os bolinhos por todos os lados, evitando que se encharquem de óleo. Cuidado para que o fogo alto não os queime. Após a fritura, coloque os bolinhos sobre um papel toalha para absorver o excesso de óleo.

Ainda quentes, devem ser polvilhados em uma mistura de açúcar com canela em pó.

Imprecisões que dão certo

Em Blato, a terra da *Pušurata*, existem várias formas de se fazer essa receita. Cada *Baba* aprendeu de um jeito, que lhe chegou oralmente. Foi a primeira receita que tentei transcrever, ainda na adolescência. Mas foi difícil! A *Baba* pegava punhados de ingredientes e não informava as quantidades exatas. Tudo era: "Um pouco disso, um tanto daquilo." ou "Tudo vai depender do tempo que está fazendo lá fora. Quanto mais quente, mais a massa cresce". Só consegui chegar a esta receita quando um amigo me presenteou com um livro de receitas de Blato.

Hrstule s rakijom

(Herstule s raquiom)
🕐 Tempo de preparo: 90 minutos

Lacinhos com aguardente
🍽 Rendimento: 20 porções

Ingredientes

    400 g farinha de trigo
    2 ovos
    12 colheres de sopa de açúcar
    6 colheres de sopa de manteiga
    1 colher de sopa de fermento em pó
    6 colheres de sopa de leite com uma pitada de sal
    1 colher de chá de baunilha (opcional)
    1 casca ralada de limão
    1 cálice de rum ou aguardente
    Canela em pó

Modo de Preparo

    Bata os ovos com açúcar. Acrescente os ingredientes aos poucos, de modo a que a massa fique com média consistência. Deixe-a descansar por 30 minutos, envolta em filme plástico. Depois, a massa deve ser esticada com o auxílio de um rolo até ficar bem fina. Corte-a em tiras de aproximadamente 15 cm e com a largura de um dedo. Faça lacinhos com as tiras de massa. Frite em óleo bem quente, com cuidado para não queimar. Após a fritura, escorrer bem todo o óleo e colocar os lacinhos sobre um papel toalha, para absorver ainda mais a gordura. Transfira os lacinhos para outra travessa e polvilhe-os com açúcar de confeiteiro e canela em pó.

Disputas

    Esse é um doce típico de todo o Mediterrâneo e Adriático. Na Itália e em algumas regiões da Croácia, chama-se *Krostule*. Em Blato e Vela Luka, chama-se Hrstule. Os italianos acham-se os criadores desse doce. Os dálmatas discordam.

Palačinka

(Palatchinke)

Crepes doces

⏱ Tempo de preparo: 12 horas de pré-preparo e 15 minutos de preparo

🍽 Rendimento: 20 porções

Ingredientes

1 xícara de farinha de trigo
1 xícara de água
1 xícara de leite
3 ovos
1/2 colher de chá de sal
4 colheres de sopa de manteiga derretida
1/2 colher de chá de baunilha

Recheio

1/2 kg de ricota fresca
100g de uvas passas
2 ovos
1 colher de manteiga
6 colheres de sopa açúcar
1 colher de sopa de baunilha

Cobertura

Creme de leite com soro
2 colheres de sopa de açúcar
Modo de Preparo

Modo de Preparo

Coloque todos os líquidos e o sal em um liquidificador. Adicione a farinha, a manteiga derretida. Tampe e bata por 1 minuto. Desligue o liquidificador e, com o auxílio de uma espátula de silicone (do tipo pão-duro) ou colher, raspe toda a farinha fora dos lados do liquidificador. Misture por mais 15 segundos.

Cubra e leve à geladeira por pelo menos 2 horas ou, ainda melhor, se pernoitar na geladeira, por 12 horas. Isto permitirá que o líquido absorva a farinha completamente.

A massa deve se parecer com um creme leve. Se ainda estiver muito grossa, adicione um pouco de leite. Se estiver muito fina, adicione um pouco de farinha. Apenas lembre-se de que, se você está adicionando farinha, vai precisar de um tempo para a massa descansar.

No dia seguinte, ou 30 minutos antes de preparar s palacinkes, reúna todos os ingredientes do recheio, misture tudo muito bem até formar uma pasta e reserve.

Katia Gavranich Camargo

Em uma frigideira antiaderente, em fogo médio, asse a massa de Palacinke. Unte a frigideira com manteiga ou azeite e despeje 1 concha média de massa bem no centro. Mova a panela em círculos para revestir o fundo da frigideira até ficar com uma camada fina de massa. Vire o primeiro lado (cerca de um minuto) e depois asse do outro lado durante 30 segundos.

Para rechear, basta colocar uma colher de sopa bem cheia na massa e enrole até fechá-la.

Para a cobertura, misturar o creme de leite com açúcar e despejar em cima das palacinkes ainda quentes.

Recheie com o recheio sugerido, geleias, cremes, sorvetes, frutas etc.

Sugestão

Pode-se acrescentar uma colher de sopa de licor (de pera, pêssego ou laranja) ou de rum ao recheio e à cobertura.

Lumblija

(Lumblia)
🕐 Tempo de preparo: 2 horas

Pão de especiarias à moda de Blato
🍽 Rendimento: 4 a 5 pães de tamanho médio

Ingredientes

- 1$^{1/2}$ kg de farinha de trigo
- 3 ovos
- 200 g de manteiga
- 10 colheres de sopa de óleo
- 3 xícaras de açúcar
- 2 copos de leite morno
- 150 g de fermento biológico
- 3 colheres de sopa de canela em pó
- 2 colheres de sopa de cravo da índia em pó
- 1 colher de sopa de noz moscada em pó
- 1 colher de café de pimenta do reino
- 2 xícaras de chá de uva passa sem sementes
- 1 colher de sopa de sal
- Açúcar de confeiteiro

Modo de preparo

Bata no liquidificador os ovos, a margarina, um copo de leite morno, o açúcar e os condimentos (noz moscada, cravo, canela e pimenta). Dissolva o fermento no outro copo de leite morno. Misture o creme de especiarias batido à farinha, coloque aos poucos o fermento dissolvido no leite, acrescente o óleo e amasse até dar o ponto (surgir bolhas na massa). Coloque a massa num recipiente de paredes altas e cubra com um pano branco e uma manta pesada para aquecer. Mas, antes de cobrir a massa, retire com a ajuda de uma colher de chá um pouco dessa massa, faça uma bolinha e coloque num copo americano com água morna. Quando a bolinha subir, é hora de partir a massa e fazer os pães. A massa rende mais ou menos de 4 a 5 pães de cerca de 20 centímetros. Asse em forno médio 180° por uma hora. Quando estiverem prontos, polvilhe com açúcar de confeiteiro.

Memórias

Este doce é originário de Blato – ilha de Korčula – e data de 1811, época em que as tropas de Napoleão controlavam a Dalmácia. A palavra *LUMBLIJA* advém do francês *ne l'oubliez pas*, que quer dizer "não esqueça". Então, não esqueça: a *Lumbija*, assim como certas memórias, fica mais saborosa com o passar dos dias. Mesmo apesar de mais dura a cada dia.

Slatka pitulica

(Slatca pitulitsa)
Tempo de preparo: 1 hora

Trouxinha doce
Rendimento: 30 porções

Ingredientes
- 1/2 kg de ricota fresca
- 5 colheres de sopa de uvas passas sem semente ou de damascos picados
- 1 colher de sopa de manteiga
- 6 colheres de sopa de açúcar
- 1 colher de sopa de baunilha
- 2 kg de massa folhada

Modo de Preparo

Misture bem os ingredientes do recheio, exceto a massa folhada. Recorte a massa folhada em quadrados de 12x12 centímetros e coloque o recheio com a ajuda de uma colher de sobremesa. Una as 4 pontas em cima e aperte bem para não desmanchar; coloque para assar, até dourar, em uma forma untada com manteiga.

Invente

Você pode mudar o recheio usando, por exemplo, ingredientes salgados. No lugar das frutas secas, que tal presunto, peito de peru, espinafre, escarola etc.

Pita od jabuka

(Pita od iábuka)
🕐 Tempo de preparo: 90 minutos

Torta de Maçã Verde
🍽 Rendimento: 25 porções

Ingredientes

Margarina ou manteiga em temperatura ambiente

Massa

7 xícaras de farinha de trigo

250 g de margarina

1 xícara de chá de açúcar

1 colher de sopa de fermento em pó

1 colher de chá de sal

Raspas de limão

2 colheres de sopa de leite

3 ovos (1 inteiro e 2 gemas)

Recheio

8 maçãs verdes raladas sem casca

5 colheres de sopa de açúcar

1 colher de sopa de canela em pó

1 colher de sopa de farinha de rosca

2 claras

Modo de Preparo

Misture bem os ingredientes da massa e sove, apertando até a massa desgrudar das mãos. Envolva a massa em filme plástico e deixe descansar. Enquanto isso, prepare o recheio. Misture bem todos os ingredientes do recheio. Bata 2 claras em neve e misture com o recheio delicadamente. Reserve. Divida a massa em duas partes. Coloque uma parte da massa na superfície da assadeira retangular média, previamente untada com manteiga e farinha. Ajeite a massa com os dedos, cobrindo toda a superfície da assadeira. Coloque o recheio sobre essa massa. Para a parte superior da torta, forre uma superfície lisa com papel manteiga. Coloque o restante da massa sobre o papel manteiga e espalhe o suficiente para cobrir a assadeira. Cubra com papel manteiga e passe sobre ele um rolo de massa, para esticar a massa. Retire o papel manteiga superior e, com o auxílio do papel inferior, aproxime a massa da assadeira e vire-a rapidamente sobre o recheio. Ajeite com os dedos para que toda a massa cubra a assadeira. Leve para assar em forno pré-aquecido, a 180° por 40 minutos. Polvilhe com canela em pó e açúcar de confeiteiro.

Aqui, como lá

Ao servir de intérprete a jovens croatas de passagem por São Paulo em 2013, na Jornada Mundial da Juventude, minha mãe os surpreendeu com uma porção de *Pita od Jabuka*. Eles se emocionaram ao encontrar no Brasil esse doce feito com a perfeição que só mesmo as mães croatas saberiam fazer.

Svekrvino oko

(Svekervino oko) *Olho de Serpente*

🕐 Tempo de preparo: 40 minutos 🍽 Rendimento: 30 porções

Ingredientes

15 figos secos
30 unidades de nozes descascadas
1/2 pacote de biscoitos maizena
100 g de nozes moídas
50 g de açúcar
4 colheres de sopa de manteiga
1 xícara de água

Modo de Preparo

Coloque os figos secos de molho em água morna e deixe amolecer por 15 minutos. Enquanto isso, quebre os biscoitos até ficarem bem moídos. Retire os figos, esprema delicadamente com as mãos, para retirar o excesso de água e reserve esse líquido. Depois, abra os figos, coloque uma noz em cada um deles e reserve. Misture em uma panela o açúcar e a água em que os figos ficaram de molho, mexendo sempre até dissolver todo açúcar. Em seguida, misture a manteiga até derreter. Coloque os biscoitos moídos misturados com as nozes moídas e despeje sobre a mistura de açúcar e manteiga. Misture bem. Desligue o fogo e espere esfriar. Na palma da mão, coloque 1 colher de chá de massa e o figo recheado com a noz, cubra com mais um pouco de massa e enrole fazendo uma bola. Por fim, role as bolas sobre nozes moídas ou coco ralado seco.

Como secar figos

Figo seco é uma iguaria muito comum nos Bálcãs e em toda a região do mar Adriático. Tentei reproduzir uma receita de como secar figos frescos, mas o processo é um bocado complexo. Envolve desde a imersão dos figos em água do mar, passando por alguns dias de secagem ao sol, até sua exposição ao relento durante noites de lua cheia. Acho que era por isso que o avô do meu marido, quando se aborrecia com alguém dizia: "Ora, vá secar figo"!

APÊNDICE

Pršuta ou Pršut

(Pershuta ou pershuta)   *Presunto*

O presunto cru ou defumado é uma das especialidades dálmatas mais apreciadas. É consumido juntamente com pão caseiro, queijos duros e um bom copo de vinho ou aguardente. Por ocasião do Natal, quando os parentes e patrícios apareciam em casa para uma visita, as conversas giravam ao redor de belas fatias de *pršuta*, advindas da meia peça comprada pelo *Dida* no Mercadão, copos de *Šljivovica* e de vinho. Não era o presunto dálmata, mas o italiano *prosciutto*. Mesmo assim, dava para matar as saudades dos sabores da *zemlja moja* (minha terra)...

Relatório Šljivovica

Figura 14 – Garrafas.

Šljivovica (shlhívovitsa), do croata Šljivovica; do bósnio Šljivovica; do tcheco Slivovice; do polonês Śliwowica; do eslovaco Slivovica; do esloveno Slivovka; do sérvio Шљивовица ou Šljivovica, é uma bebida destilada feita com ameixa (*Prunus domestica*). No leste europeu, faz parte da categoria das bebidas denominadas *rakija* (pronuncia-se rákia).

A Šljivovica foi primeiramente produzida nas regiões eslavas da Europa Central e do leste europeu. Hoje, é comercializada em versões industrializadas e caseiras (as melhores!).

Para começar, a colheita das ameixas é um evento familiar. Quando as ameixas estão prontas para a colheita, a família se reúne ao redor das ameixeiras para cutucá-las e chacoalhá-las, para que as ameixas maduras caiam ao solo. Depois, elas são colhidas e colocadas em grandes tachos. As ameixas são então gentilmente esmagadas com os pés, para que não se atinja os caroços.

Para produzir a melhor bebida, nada mais é adicionado ao barril. A fermentação é natural e contínua por até dois meses, produzindo um rico mosto fermentado da fruta. O estágio seguinte é levar o mosto para a destilaria mais próxima, preferencialmente no mês de novembro. Alguns preferem destilar em casa, mas é ilegal e perigoso. Às vezes, o produto da fermentação pode conter álcool metílico, o que é extremamente prejudicial para a qualidade da bebida e para a saúde.

Nas destilarias, o mosto é destilado duas vezes. Primeiro em um barril grande e, depois, em um menor. Às vezes, algumas destilarias podem usar

uma única destilação, mas esse processo é evitado por que seu produto é de qualidade inferior.

O combustível tradicional empregado nas destilarias é proveniente da madeira, mas, atualmente, se usa também o gás natural.

O resultado da destilação é um liquido sem coloração com uma porcentagem de álcool em torno de 51%. Durante a alta estação, as destilarias chegam a funcionar 24 horas por dia. As aldeias ficam alegres e repletas de *vans* cheias de garrafas com o assim chamado precioso líquido!

Um bom mosto dá cerca de 10% do seu volume – perfeito, puro, cristalino, com um aroma singular de ameixa. Além de ser uma bebida delicada por seu aroma e sabor é, ao mesmo tempo, extremamente forte. Seu alto teor alcoólico provoca um verdadeiro "estrago" ao passar pela garganta. Meu *Dida* dizia: "Pra curar resfriado, é um santo remédio!".

Croácia: cozinha e memória dálmata

A alfarroba é dálmata!

Figura 15 – Alfarroba.

O *Rogač* (rogátch) ou alfarroba, é uma planta típica venerada na Dalmácia.

Originária do mar Adriático, a *Ceratonia siliqua L.* pertence à família das leguminosas. As árvores crescem a uma altura de até 15m. É um alimento conhecido desde os tempos mais remotos. Até a Bíblia contém relatos sobre o seu consumo. A afarroba teria sido o principal alimento de São João Batista em seus anos de solidão. Por isso é conhecida também como "Pão de São João."

Na Grécia Antiga, sementes de alfarroba foram usadas como medida comparada ao ouro.

Uma semente era equivalente a um quilate. O nome "quilate" é atualmente usado para indicar 0,18 gramas de ouro ou pedras preciosas. As sementes de alfarroba, independentemente de seu tamanho e requisitos de armazenamento, têm sempre a mesma massa: 0,18 gramas.

Hoje, as vagens de alfarroba são cultivadas nas margens quentes do Mediterrâneo e do Adriático. Na ilha de Šolta (*sholta*), na Croácia, há uma cidade chamada Rogač, onde a árvore é cultivada tradicionalmente.

A Ciência descobriu os efeitos benéficos da alfarroba. Ela é rica em taninos, é capaz de inibir enzimas digestivas e de inativar bactérias nocivas, enquanto estimula o desenvolvimento de bactérias benéficas da flora intestinal.

Em geral, a alfarroba possui um efeito calmante sobre o estômago e a mucosa intestinal. Por isso, é usada para aliviar as náuseas e a diarreia. Também é rica fonte de vitaminas e minerais, especialmente cálcio e oligoelementos.

A alfarroba pode ser consumida através de sua vagem e sementes, inteiras ou moídas, na forma de farinha, xarope ou chá. É também um adoçante natural.

Hoje em dia, a vagem de alfarroba torrada é utilizada como substituta do cacau na produção de chocolates. O extrato de semente de alfarroba é usado também como ingrediente na produção de uma grande variedade de alimentos: bebidas alcoólicas e não alcoólicas, produtos lácteos, sorvetes, doces, pães, pudins, carnes, misturas de especiarias e outros.

CRÉDITOS DAS FOTOS

Página 4 – Dubrovnik, foto de Gisele Horvatich Beffa.

Página 6 - Dubrovnik, foto de Gisele Horvatich Beffa.

Página 9 – Dubrovnik, foto de Gisele Horvatich Beffa.

Página 10 – Konoba Kročula, foto de Peter Martinovich.

Página 12 – Ilha de Korčula, foto de Peter Martinovich.

Página 16 – Figura 2, Vista aérea de Dubrovnik, foto de Gisela Horvatich Beffa.

Página 17 – Figura 4, Dálmata, Creative Commons, autor desconhecido.

Página 18 – Figura 6, Casa onde nasceu Marco Polo, Korčula, foto de Gregório Bacic.

Página 19 – Foto do Passaporte da Família Nóbilo-Marijetić, gentilmente cedida pelo acervo pessoal da família Nóbilo- Marjetić, autor desconhecido.

Página 20 – Foto Viteško Udruženje Kumpanija Blato, foto de Stjepan Tafra, gentilmente cedida pelo Mačevni Plesovi Porjekt Institut za Etnologiu i Folkloristiku.

Página 22 – Foto da Turma D'Amor, gentilmente cedida pelo acervo pessoal da família Bacic, autor desconhecido.

Página 23 – Foto do Esporte Clube Dalmácia, gentilmente cedida pelo acervo da Sociedade Amigos da Dalmácia, autor desconhecido.

Página 87 – Slatka Pitulica, foto de Fabiana Simonati.

Página 92 – Ilha de Korčula, foto de Peter Martinovich.

Página 96 – Garrafas – Creative Commons, autor desconhecido.

Página 98 – Alfarroba – Creative Commons, autor desconhecido.

BIBLIOGRAFIA

BOŠKOVIĆ, Ruđer. Disponível em: http://pt.wikipedia.org/wiki/Ru%C4%91er_Bo%C5%A1kovi%C4%87.

BOSCOVICH, Roggero Josepho. *Theoria de Philosophia Naturalis*. Disponível em https://archive.org/details/theoryofnaturalpooboscrich.

DORO, Norma Marinović. *A Imigração Iugoslava no Brasil*. Tese de Doutorado apresentada no Departamento de História (Área de História Social) da Facudade de Filosofia, Ciências e Letras da Universidade de São Paulo, São Paulo, Brasil, 1987.

GRBIĆ, Dragan. *Poznati Hrvatski Kuhani*. Knigo Tisak, Split, Croácia.

HERMAN DALMATIN OR HERMAN OF CARINTHIA. Disponível em: http://en.wikipedia.org/wiki/Herman_of_Carinthia.

KAŠTROPIL-CULIĆ, Rade. *Blajska Trpeza*, Matica Hrvatska – Ogranak Blato, Korčula, Croácia, 1995.

MARCO Polo's Croatian roots based on solid research. Disponível em: http://www.croatia.org/crown/articles/9372/1/Marco-Polos-Croatian-roots-based-on-solid-research–London-Financial-Times.html.

MARIJANOVIĆ-RADICA, Dika. *Dalmatinska Kuhinja*, Mladost, Zagreb, 1976.

MARKOVIĆ, Olga Novak. *Jugoslavenska Kuhinja*, Tiskarna ČGP Delo, Ljubljana, Eslovênia, 1985.

POULAIN, Jean-Pierre. *Sociologias da Alimentação*. Editora da UFSC, Florianópolis, Santa Catarina, Brasil, 2004.

RADOŠ, Milan. *Dicionário Sérvio e Croata-Português e Portugês- Sérvio-Croata*. Porto Editora, Porto, Portugal, 2003.

REPÚBLICA DE RAGUSA. Disponível em: http://pt.wikipedia.org/wiki/Rep%C3%BAblica_de_Ragusa.

TALAN, Nikica. *Croácia/Brasil, Relações Histórico-Culturais*, edição bilíngue, Tiskara Šolta, Zagreb, Croácia, 1998.

Sobre a autora

Nada existe no intelecto que antes não tenha passado pelos sentidos. Assim, deve ter sido a doce ligação de Katia com os aromas e os sabores, o que a levou a estudar Nutrição na Universidade de São Paulo. O mestrado em Engenharia de Produção pela Universidade Federal de Santa Catarina talvez responda por sua desenvoltura quando se trata de fazer as coisas acontecerem. São meras suposições que não resistem ao rigor acadêmico e, menos ainda, a algo que pode ser insondável nas pessoas: o elo afetivo para com um passado que vai muito além de seu próprio. Se é que o de seus antepassados não chega a ser o seu próprio.

Katia vem se dedicando ultimamente à produção cultural. Trabalha com um material ainda virgem, que é a memória da imigração dálmata no Brasil, em vias de completar seu primeiro século. Este livro é seu primeiro passo largo nessa direção. Outros serão dados, não há dúvidas.

Gregório Bacic

Contatos com a autora: katiagavra@gmail.com

Impresso em São Paulo, SP, em setembro de 2014,
com miolo em couché fosco 150 g/m²,
nas oficinas da Intergraf.
Composto em Munich, corpo 13 pt.

Não encontrando este título nas livrarias,
solicite-o diretamente à editora.

Escrituras Editora e Distribuidora de Livros Ltda.
Rua Maestro Callia, 123 – Vila Mariana – São Paulo, SP – 04012-100
Tel.: (11) 5904-4499 / Fax: (11) 5904-4495
escrituras@escrituras.com.br
imprensa@escrituras.com.br
vendas@escrituras.com.br
www.escrituras.com.br